Lb 2185

RELATION COMPLÈTE
DES ÉVÉNEMENS
QUI SE SONT PASSÉS
A LYON, A PARIS ET A SAINT-ÉTIENNE,
PENDANT LE MOIS D'AVRIL 1834.

INSURRECTION DE LYON.

PREMIÈRE JOURNÉE. — *Mercredi 9.*

matin, la population était sur pied et répandue sur les quais et sur les places publiques. Les troupes de la garnison le sac au dos, avec des provisions de guerre et de bouche, se rendent aux différens postes qui leur ont été assignés d'avance. Sur la place de Bellecour stationnent plusieurs régimens d'infanterie massés vers le milieu de l'enceinte du côté de la promenade des Tilleuls; ils sont flanqués par de nombreux détachemens de dragons, et par deux batteries d'artillerie légère. Les principales têtes de pont sont occupées par des piquets d'infanterie et de cavalerie et quelques-unes défendues par des bouches à feu. L'Hôtel-de-Ville est gardé par une force imposante renfermée dans la cour intérieure. Des précautions militaires particulières ont été prises aux abords du Palais-de-Justice. Le 7e régiment d'infanterie légère qui, pour se laver des soupçons qu'on avait émis sur sa fidélité, a demandé à être placé en première ligne, occupe les abords de cet édifice. Plusieurs compagnies ont été introduites dans la cathédrale dont les portes sont fermées;

d'autres sont postées dans l'intérieur même du Palais-de-Justice. L'accès de la salle d'audience n'a été laissé ouvert qu'au nombre d'assistans rigoureusement nécessaire pour remplir son enceinte.

Cependant les élémens de l'émeute se préparent. Des ouvriers arrivent de la Croix-Rousse et des faubourgs de la ville, un à un, deux à deux, rarement plus de trois ensemble et se dirigent vers le Palais-de-Justice. Des rassemblemens du caractère le plus menaçant se forment sur la place de la Préfecture, sur celle des Terreaux et sur celle de Saint-Jean.

Au milieu de ces préliminaires menaçans, la justice suivait son cours. Le réquisitoire de M. le procureur du roi était terminé et il avait conclu contre les mutuellistes à l'application des articles 415 et 416 du Code pénal. L'avocat des prévenus avait pris la parole. Une première détonation, suivie bientôt d'une décharge de mousqueterie, se fait entendre au-dehors : le défenseur déclare que le bruit qui vient de frapper son oreille l'empêche de continuer sa plaidoirie. L'audience est levée au milieu d'un affreux tumulte.

Voici ce qui s'est passé au-dehors. La populace répandue autour de la place St.-Jean avait commencé à élever des barricades à l'entrée des rues adjacentes. Des gendarmes et des agens de police ayant reçu ordre de les détruire, des coups de pistolet furent tirés sur eux par la foule, et un agent de police blessé mortellement. Il y avait agression : la troupe fait une décharge. La foule se disperse et fuit dans des directions divergentes. Des bandes d'hommes et d'enfans déguenillés, armés de fusils, de sabres et de pistolets, parcourent les rues en criant *aux armes!* quelques petits postes isolés, celui de la place du Change et celui du Jardin-des-Plantes sont enlevés et désarmés : celui de la Mort-qui-Trompe a résisté et fait sa retraite en bon ordre.

Il est midi. — L'insurrection se propage avec une effrayante rapidité. On arrête les voitures, on dételle les chevaux, on improvise des barricades. Les magasins se ferment et les habitans paisibles se hâtent de se renfermer dans leurs domiciles. — Un premier engagement vient d'avoir lieu aux environs de l'Hôtel-de-Ville. Quelques compagnies ont été envoyées pour détruire une barricade qui a été élevée au débouché de la place des Carmes et de la place de la Boucherie. Le détachement a fait feu sur les insurgés. Il revient en triomphe en ramenant les débris de la barricade détruite. Un grenadier a été blessé. Les soldats paraissent pleins de résolution et de confiance.

Le combat s'est engagé presque en même temps à la place de la Préfecture. Là, les insurgés se sont retranchés au moyen des matériaux employés à la construction du théâtre provisoire. Ils sont attaqués dans cette position par la troupe de ligne qui débouche de la rue de la Préfecture. Après quelques décharges d'artillerie, la position est enlevée à la baïonnette. Les soldats s'établissent sur cette place, ainsi que dans l'Allée de l'Argue où l'on a tiré plusieurs coups de canons chargés à mitraille.

Les engagemens partiels se renouvellent dans ces rues étroites et tortueuses qui avoisinent la place des Terreaux. Dans la rue Saint-Côme les soldats du génie ont attaché un pétard à la porte d'une maison d'où l'on faisait pleuvoir sur la troupe une grêle de balles, de tuiles et de pavés. L'explosion a enfoncé la porte, détruit ou endommagé les devantures de tous les magasins environnans, et brisé presque toutes les vitres du quartier.

Le son du tocsin se fait entendre et se mêle aux

détonations de l'artillerie et de la mousqueterie.

Cependant des proclamations républicaines étaient lues et répandues dans les quartiers théâtres de l'insurrection. Elles contenaient en substance que Louis-Philippe ayant été infidèle à ses sermens, il était déchu de la couronne. Lucien Bonaparte était proclamé premier consul, et le général Bachelu commandant en chef de la force armée du département.

La tête du pont du Concert est vivement attaquée. Les soldats, retranchés dans les pavillons de ce pont du côté de la ville, et répandus en tirailleurs le long du quai de Bon-Rencontre, font feu dans les rues aboutissantes et refoulent dans l'intérieur les insurgés qui se présentent pour déboucher.

Le feu paraît se ralentir. Il est deux heures. Tout paraît terminé, à en juger par les apparences.

Les espérances qu'on avait conçues du rétablissement de la tranquillité ne se sont point réalisées. A deux heures et demie, le feu s'engage de nouveau sur tous les points avec plus de vivacité que jamais. La fusillade la plus vive est du côté de l'Hôpital et de la place des Cordeliers. Les insurgés paraissent avoir établi leur quartier-général dans cette dernière localité. Ils se sont emparés de l'église de St.-Bonaventure, d'où ils ne cessent de sonner le tocsin. Ils sont, au reste, cernés et pressés de tous côtés.

Vers quatre heures on voit, du centre de la ville, près de l'Hôpital, une colonne d'épaisse fumée s'élever. Le feu a été mis à une maison occupée par les insurgés par un pétard qu'on avait attaché à la porte d'allée pour la faire sauter : la maison tout entière a brûlé, ainsi que celle qui se trouve en face; toutes les vitres de la rue, sur une longueur de plus de 60 toises, ont été brisées. Les pompes de l'Hôpital sont accourues et ont fini vers le soir par se rendre maîtresses de l'incendie.

Du côté de St.-Jean, les révoltés repoussés dans leur première tentative se sont retirés vers le quartier de St.-Georges et vers celui de St.-Paul, toutes les rues y sont barricadées et dépavées et les réverbères brisés. Des tirailleurs de la ligne postés sur les tours les plus élevées de la cathédrale font feu par les meurtrières sur les toits et les balayent constamment.

L'affaire s'est également engagée à la Croix-Rousse, autour de la caserne crénelée des Bernardines. Les insurgés se sont présentés en force pour l'enlever et ont été écrasés par le feu de l'artillerie et de la mousqueterie. Après avoir repoussé cette attaque, la troupe est sortie de la caserne avec les canons et bat ainsi la Grande-Côte et les rues de la Croix-Rousse.

Les pièces placées sur la terrasse de la caserne des Chartreux, ont aussi joué sur le quartier St.-Paul, qui avait fait des démonstrations hostiles : quelques pans de murailles ont été abattus.

SECONDE JOURNÉE. — *Jeudi* 10.

Dès le matin la fusillade recommença simultanément sur tous les points et bientôt le canon vint y mêler ses explosions formidables. La veille au soir, des tirailleurs ennemis, il faut bien leur donner ce nom, s'étaient glissés jusque sur les toits des maisons qui entourent l'Hôtel-de-Ville et avaient dirigé leur feu dans l'intérieur même de cet édifice et sur ses abords. Une des premières opérations de la journée a été d'occuper le beffroi et les pavillons de l'Hôtel-de-Ville et du Palais-St.-Pierre. Bientôt les tirailleurs de la troupe ont fait cesser par leur feu celui qui part des toits situés à une certaine distance. Quelques expéditions sont dirigées vers les environs pour débusquer les misérables qui se livrent à cette guerre meurtrière. Quelques-uns sont découverts dans les réduits où ils s'étaient blottis à l'approche des soldats et sont tués à coups de baïonnette.

L'action s'est engagée aujourd'hui plus vivement que jamais vers le plateau de la Croix-Rousse. Les insurgés du dehors et ceux du dedans font de nouvelles et infructueuses tentatives pour s'emparer de la caserne des Bernardines. Le feu de l'artillerie et de la mousqueterie ne cessent de résonner de ce côté.

L'insurrection, qui pendant la journée d'hier avait paru se concentrer dans le quartier des Cordeliers, dans celui de St.-Georges et la commune de la Croix-Rousse, a pris pendant la nuit une nouvelle extension. St.-Just et la Guillotière, le quartier du Jardin-des-Plantes, celui de la Grande-Côte, de la rue de la Vieille-Monnaie, sont en révolte et élèvent des barricades. La caserne du Bon-Pasteur située comme on sait au dessus du Jardin-des-Plantes, et que l'on avait à dessein laissée dégarnie, est emportée par les insurgés. Le drapeau rouge est arboré sur l'église St.-Polycarpe, des drapeaux noirs flottent sur l'Antiquaille, sur Fourvières, sur le clocher de St.-Nizier, sur celui des Cordeliers. Le tocsin sonne de différens côtés à la fois.

Un sectionnaire des *Droits de l'homme*, qui s'est rendu hier à Perrache, est parvenu à insurrectionner ce quartier. Ce matin on a construit une barricade à l'entrée de la chaussée Perrache, pour couper les communications de ce côté de la ville; mais un peloton de dragons a eu bientôt détruit ces faibles obstacles, malgré les tuiles et les pierres que les insurgés, réfugiés dans les maisons voisines, faisaient pleuvoir sur eux. Les dragons ont eu plusieurs hommes mis hors de combat dans cette opération, qui a été soutenue par le canon du fort de la Mouche situé de l'autre côté du Rhône.

A la tête du pont de la Guillotière, du côté de cette commune, une lutte acharnée s'est engagée. Du haut du beffroi de l'Hôtel-de-Ville on aperçoit une fusillade dirigée d'une maison voisine du pont contre la troupe de ligne; celle-ci, postée en face, riposte avec vigueur. De distance en distance le canon tonne et balaye la grande rue. Une vaste maison, placée à côté de celle où les insurgés sont embusqués, mais séparée d'elle par une rue, est incendiée par les obus ou par un pétard. Le vent du nord chasse l'incendie sur les maisons voisines placées dans sa direction. Malgré le voisinage de ce désastre, les coups de fusil ne cessent pas de partir de la maison située à côté. De nouveaux renforts paraissent arriver à la troupe. Le feu de la mousqueterie redouble de tous côtés; la charge bat et la maison est emportée.

Pendant que cette scène de désolation se passe sur la rive gauche du Rhône, un autre spectacle presque aussi lugubre se présente sur le lit même de la Saône, à la hauteur du cours du Midi. Un bateau de foin, amarré sur les bords de cette rivière, a pris feu, on ne sait de quelle manière, la fumée qui s'en élève recouvre la presqu'île Perrache : bientôt les amarres ayant été consumées, le bateau qui n'est plus retenu, dérive et va échouer contre le pont Chazournes, qui devient également la proie des flammes. Après avoir brûlé pendant une heure ou deux, trois arches s'abiment tout d'un coup. L'incendie de la grande rue de l'Hôpital fume encore. Un autre éclate encore à St.-Just, près de l'église de ce nom. Le feu se manifeste sur d'autres points de la ville.

Sur toute la ligne des Brotteaux, depuis la Guillotière jusqu'aux Charpennes, on entend des feux épars de tirailleurs. Vers le fort Lamothe nous distinguons des décharges régulières de mousqueterie qui annoncent un engagement de la ligne; on pense d'abord que le fort de ce nom est attaqué par les insurgés. Nous avons appris plus tard que ces décharges ont été faites par le 21e régiment de ligne qui effectuait son entrée, et qui a été forcé de s'ouvrir un passage les armes à la main.

À St.-Just, les insurgés se sont emparés de trois pièces de canon qu'on avait encloué́es et abandonnées dans le fort de ce nom, que l'on n'avait pas jugé convenable de garder. Ils ont désencloué ces pièces, les ont placées sur la terrasse de Fourvières, et de là jettent sur le quartier-général, situé à Bellecour, des boulets et des pierres. Pour répondre à ce feu plus inquiétant que meurtrier, on braque sur cette position deux pièces de 24, dont les boulets atteignent et traversent la chapelle de Fourvières. D'autres pièces en batterie sur le quai de l'Arsenal et dans la rue de ce nom, foudroient le quartier St-Georges et envoient des projectiles jusque sur le Mont-Sauvage, près de la Croix-Rousse.

Nous avons dit que le quartier du Jardin-des-Plantes avait été occupé par les insurgés qui y avaient élevé de nombreuses barricades. L'autorité militaire donne ordre de les enlever. Une compagnie de grenadiers du 27e est chargée de cette expédition. Le brave colonel Mounier, du 28e, la commande en personne. Arrivés en présence de la barricade défendue par 60 ou 80 insurgés embusqués dans les portes d'allées et derrière les fenêtres, les soldats sont accueillis par un feu meurtrier. Le colonel Mounier s'élance à la tête des tirailleurs, et tombe percé d'une blessure mortelle; déjà il avait reçu deux coups de feu depuis le commencement de l'insurrection. La barricade est enlevée à la baïonnette et sans tirer un coup de fusil; mais l'ennemi a disparu; les soldats pénètrent dans les maisons de la place et s'établissent dans les deux pavillons du Jardin-des-Plantes. Dans cette affaire, le 27ᵉ a perdu quinze hommes tués ou blessés, dont deux officiers.

La guerre de tirailleurs continue, plusieurs officiers sont blessés, quelques-uns mortellement. Les soldats exaspérés déchargent leur fureur sur les prisonniers qu'on amène à chaque instant. Quelques-uns sont maltraités et ne sont préservés qu'avec peine par l'intervention des officiers et des magistrats.

Une canonnade très-vive s'engage sur le quai du Rhône. Quelques maisons d'où étaient partis des coups de fusil sont criblées de boulets; des pans même de murailles se sont détachés; l'une d'elle, située à l'angle de la rue Gentil, a été incendiée.

Nous avons dit hier, que les pavillons du pont du Concert, du côté de la ville, étaient occupés par la troupe de ligne. Les progrès que les insurgés ont faits vers ce point totalement isolé des autres, en ont déterminé l'abandon. Maintenant on s'efforce de les détruire à coups de canon, pour que les séditieux ne s'y établissent pas à leur tour. Quatre pièces de 8 placées, l'une à la descente du pont Morand, l'autre sur le pont même, les deux dernières à l'extrémité du pont du Concert, jouent continuellement pour opérer cette œuvre de destruction que la construction solide de ces deux pavillons rend assez difficile, l'un d'eux est en partie renversé. La nuit met fin à cette canonnade. Cette journée a été plus meurtrière que la précédente pour la troupe qui occupe le quartier de l'Hôtel-de-Ville. Hier, il n'y avait que six blessés à l'ambulance, aujourd'hui, il y en a près de quarante.

TROISIÈME JOURNÉE. — *Vendredi* 11.

La nuit n'a apporté qu'une courte trêve au combat. Sur les deux heures du matin, les insurgés armés dans le quartier des Cordeliers ont fait des tentatives pour se faire jour sur différens points, ils sont repoussés à coups de fusils et à coups de canon.

Au point du jour, le combat recommence sur tous les points. On canonne une maison située sur le quai du Rhône, à l'angle de la rue Basseville, d'où le poste du pont Morand a essuyé plusieurs coups de fusils. A l'exemple des insurgés, les soldats rétablissent eux-mêmes des barricades aux débouchés des rues occupées par eux.

Nous jouissons aujourd'hui d'une sorte de calme comparativement aux jours précédens.

Cependant l'action continue sur tous les points où elle s'est primitivement engagée. Le canon tonne toujours contre le quai du Rhône et contre la plate-forme de Fourvières où se trouve le canon des insurgés qui fait feu de son côté, mais sans produire d'effet. Les projectiles lancés par lui arrivent à peine à mi-chemin de leur destination.

Pendant que l'on se bat dans tous les quartiers de Lyon, une émeute éclate à Saint-Etienne et une autre est tentée à Vienne (Isère). Voici, si nous en croyons les rapports qui nous ont été faits, ce qui s'y est passé.

Dans la première de ces villes, les émissaires partis de Lyon sont parvenus à ameuter une partie de la populace. Une barricade a été élevée; des voies de fait ont été commises; les sommations voulues par la loi ont été faites. La troupe de ligne, attaquée d'ailleurs par les insurgés, a su comme à Lyon comprendre et remplir son devoir. Une seule décharge a suffi pour mettre en fuite les séditieux. Quelques-uns ont été tués ou blessés. Les soldats ont eu de leur côté quelques pertes à déplorer.

A Vienne, une vingtaine d'ouvriers ont essayé de faire une barricade au moyen de quelques charrettes placées en travers de la rue pour arrêter un bataillon du 15ᵉ régiment d'infanterie légère qui se dirigeait à marches forcées sur Lyon. Ils ont vainement cherché à exciter les sympathies de 5 ou 600 de leurs camarades qui étaient présens, en leur remontrant qu'il fallait aller au secours de leurs frères de Lyon qu'on égorgeait. Un commissaire de police et deux agens ont suffi pour mettre en fuite cette poignée de factieux, sans que le reste de la population ouvrière prît en aucune manière fait et cause pour eux. Le régiment a ensuite continué tranquillement sa marche sans être inquiété. M. le sous-préfet et les autres autorités de la ville de Vienne l'ont accompagné jusque dans la campagne.

Le brave colonel du 28ᵉ a rendu aujourd'hui le dernier soupir.

L'aspect de la ville est toujours à peu près le même. Néanmoins on circule un peu plus librement aux abords de la place des Terreaux. Sur la place St.-Clair des groupes de spectateurs contemplent la canonnade qui se dirige vers le pont du Concert et sur la place des Cordeliers. On commence à se familiariser avec le bruit du canon et de la mousqueterie. Les cafés situés aux alentours de la place des Terreaux sont remplis de personnes occupées à faire de la charpie pour les blessés. On compte onze morts et une quarantaine de blessés à l'ambulance établie à l'Hôtel-de-Ville. Depuis trois jours que les communications sont interceptées et la ville presque bloquée, la disette commence à se faire sentir. Plusieurs denrées d'une utilité secondaire manquent entièrement.

Le soir les postes occupés par les troupes présentent l'image d'un campement en rase campagne. Les soldats se construisent des baraques en planches, et bivouaquent auprès de grands feux de charbon de terre. Leur gaîté et leur constance se soutiennent admirablement malgré trois jours de fatigues et de combats douloureux.

QUATRIÈME JOURNÉE. — *Samedi* 12.

Cette journée devait être décisive pour le triomphe de l'ordre. La fusillade qui avait duré toute la nuit, à rares intervalles, reprend vers le matin une intensité nouvelle. Les troupes d'un côté, les insurgés de l'autre conservent à peu près les mêmes positions que la veille; seulement le nombre de ces derniers, la vivacité de leurs feux vont toujours en diminuant.

On fait une tentative qui échoue pour enlever une barricade située à la montée de la Grand'Côte. On ramène plusieurs soldats blessés.

Les soldats sont parvenus à s'établir au moyen d'une barricade tout près de la place de la Fromagerie qui, les jours précédens, a été le théâtre de plusieurs engagemens sanglans. Les insurgés sont embusqués dans l'église de St.-Nizier, et retranchés en face de la rue Sirène, dans la maison du Cercle. Ils ont leur retraite assurée sur le derrière par les petites rues qui aboutissent au quartier des Cordeliers, centre de l'insurrection: de-là, ils font un feu assez vif sur l'entrée de la rue Sirène pour empêcher les troupes de déboucher. Les soldats qui connaissent maintenant cette guerre de rue, n'ont garde de prodiguer inutilement leur sang, en s'exposant à découvert aux coups de l'ennemi, toujours invisible, qui tire sur eux. Ils se glissent de maison en maison, se postent sur les toits, s'embusquent aux croisées, de-là dirigent un feu très-vif sur les bâtimens occupés par les insurgés. L'église de St.-Nizier vient enfin d'être enlevée par la troupe; tout d'un coup on voit briller sur les toits de la nef, les schakos et les uniformes de nos soldats. Le drapeau noir est enlevé et jeté à bas du clocher; un drapeau tricolore y est substitué et se déploie sur la nef. A sa vue les braves qui viennent de s'emparer de cette espèce de forteresse, entonnent les chants nationaux de la *Marseillaise* et de la *Parisienne*, et font retentir les cris de *vive le roi!* que répètent leurs camarades postés dans la rue. La place tout entière est occupée par les troupes. Les insurgés sont traqués de rue en rue et repoussés vers le centre de la ville.

Une assez vive canonnade dirigée de l'autre rive du Rhône contre le quartier des Cordeliers, et qui met le feu à une maison du quai de Bon-Rencontre, sert de prélude à une attaque qui doit être plus décisive encore. Vers les cinq heures du soir une compagnie de voltigeurs du 28.e partie du pont Morand, s'élance au pas de course vers la position des Cordeliers, enlève en un clin-d'œil les barricades que les insurgés ont élevées à la descente de ce pont, tourne à gauche, franchit d'autres barricades pour arriver à travers une grêle de balles et de pierres sur cette place des Cordeliers où l'insurrection avait établi son foyer principal, pénètre en enfonçant les portes dans l'église St.-Bonaventure, nouveau cloître St.-Méry où se sont réfugiés les derniers débris de la révolte. Plusieurs des insurgés s'y font tuer par les soldats, le reste est fait prisonnier ou s'est dispersé.

L'intérieur de l'église présente un spectacle à la fois bizarre et affreux. Huit à dix cadavres, quelques-uns horriblement mutilés, sont étendus dans la nef et jusqu'auprès du sanctuaire. Les prisonniers sont renfermés et gardés à vue dans les chapelles latérales dont l'une sert d'ambulance pour les blessés. Çà et là, gisent sur le parvis des armes, des ustensiles dont les insurgés se sont servis pour fabriquer de la poudre qui leur manquait. Au milieu de ces débris, M. le procureur du roi et M. le commissaire central de police procèdent à l'interrogatoire des prisonniers et des témoins de ces scènes.

Dans la journée d'hier, une bande d'insurgés qui avaient essayé en vain le jour précédent de s'emparer des Carmes-Déchaussés, où un capitaine du 7.e léger s'était maintenu, bien que les vivres fussent sur le point de lui manquer, vinrent tirailler contre l'Ecole Vétérinaire occupée par un détachement d'infanterie et un piquet de dragons. D'autres insurgés réunis dans les premières maisons du faubourg de Vaise, cherchaient par un feu continuel à intercepter les communications avec la Poudrière et la Manutention. On savait que c'était dans ce quartier que se trouvait la plupart des disciplinaires d'Alger, qui, ayant désarmé leur escorte, s'étaient mêlés aux insurgés qui leur avaient donné des grades.

Le général Fleury, commandant supérieur des Bernardines et des Chartreux, décida qu'on tenterait ce matin d'enlever ce faubourg de vive force tandis qu'une autre colonne le tournerait par les hauteurs, de manière à prendre les insurgés directement et de revers et à les refouler sur la place de la Pyramide.

A cet effet, aujourd'hui à dix heures et demie du matin, une première colonne composée de deux compagnies d'infanterie et d'une compagnie de sapeurs du génie, se forma devant la Manutention, passa le pont de Serin et se dirigea par Pierre-Scise sur les hauteurs qui couronnent l'Ecole Vétérinaire; elle dispersa dans ce mouvement une bande d'insurgés qui traînaient une des pièces du fort St.-Irénée : on reprit la pièce et chassa à coups de fusil ceux des insurgés qui purent échapper aux soldats. Arrivée au point le plus élevé de sa course, la tête de la colonne fit un signal convenu d'avance, et quelques minutes après, la seconde colonne, composée de cinq compagnies d'infanterie du 28.ᵉ et d'un détachement de sapeurs du génie, partit du même point au pas de charge battu par tous les tambours, traversa le pont de Serin, pénétra dans le faubourg et enleva avec élan et vigueur les cinq barricades élevées par les insurgés; les maisons qui flanquaient ces barricades et d'où on faisait pleuvoir sur les soldats une grêle de balles et de pavés furent enfoncées, les femmes et les enfans furent mis en sûreté avec les propriétaires des maisons, et les combattans noircis de poudre qui s'étaient retirés dans les étages supérieurs et qui étaient armés furent passés par les armes.

Pendant que l'action avait lieu, deux pièces de six placées sur les ruines du fort St.-Jean tiraient sur les maisons du faubourg, d'où l'on voyait partir des coups de fusil. Ceux des révoltés qui purent échapper se retirèrent devant les troupes en tiraillant des maisons et des coins de rue, et furent rencontrés par la première colonne à laquelle ils ne purent résister, et qui leur tua encore quelques hommes. Vingt minutes après le signal de la première colonne, les deux colonnes se réunissaient sur la place de la Pyramide. Quelques coups de fusil tirés des petites rues que l'on n'occupait pas encore, tuèrent un officier et blessèrent un sapeur; on fit alors parcourir tous les quartiers par de fortes patrouilles, on enfonça les maisons d'où partaient les coups de fusil. Tous les combattans pris les armes à la main furent tués ou emmenés prisonniers.

Cette opération, conduite par les officiers sous les ordres du général Fleury, a été exécutée avec une vigueur et une précision extraordinaires. Le résultat a été d'autant plus important qu'il a rétabli les communications avec Paris, communications interrompues depuis plusieurs jours par le fait de l'occupation de ce faubourg par les insurgés.

La troupe de ligne employée à cette expédition a perdu 3 officiers tués et 15 soldats tués ou blessés. Du côté des insurgés, les 15 soldats disciplinaires envoyés à Alger ont été pris et fusillés. Ils ont eu 100 hommes tués ou blessés, autres que les militaires.

A cinq heures du soir, après qu'on se fut emparé de l'église de St.-Bonaventure et de la position des Cordeliers, on s'occupa de déloger les insurgés établis dans les maisons du quai de Bondy, en face de l'église de St.-Louis qui, depuis deux jours, inquiétaient vivement le poste du pont de la Feuillée. Une compagnie se logea dans la maison en construction en face de la passerelle de St.-Vincent, une autre se plaça à l'angle de la place de la Boucherie. Les tirailleurs protégèrent le feu de deux pièces d'artillerie. Les canons de la terrasse des Chartreux furent dirigés sur le même point. Un feu soutenu de deux heures eut bientôt fait taire celui des insurgés qui avaient, dit-on, une petite pièce de canon du calibre de deux. L'hôtel du Chapeau-Rouge qui leur servait de redoute a été criblée de boulets.

CINQUIÈME JOURNÉE. — *Dimanche* 13.

Quelques quartiers, parmi ceux qui ont été le théâtre de l'insurrection, tiennent encore. L'autorité militaire ne juge pas convenable d'exposer le sang de braves soldats pour détruire ces misérables restes de révolte. Elle les laisse se disperser par eux-mêmes; seulement un détachement d'infanterie est envoyé pour s'emparer des pièces de canon que les insurgés ont placées sur la terrasse de Fourvières. Cette opération ne souffre aucune difficulté : les pièces sont prises, et ceux qui les servaient sont ramenés prisonniers à l'Hôtel-de-Ville.

SIXIÈME JOURNÉE. — *Lundi* 14.

Le centre et l'intérieur de la ville jouissent d'un calme à-peu-près complet. Dans la soirée, on a dirigé une expédition contre une bande d'insurgés qui se maintenait encore sur le versant du coteau de la Croix-Rousse qui regarde le Rhône, au-dessus du faubourg St.-Clair. Les soldats les ont poursuivis de maison en maison et ont fini par en purger cette localité.

Hier, le calme était complètement rétabli dans notre ville; la circulation était redevenue libre. Une immense population s'est répandue dans les rues pour se dédommager de la réclusion à laquelle elle avait été condamnée depuis près d'une semaine. La joie était peinte sur tous les visages; on oubliait les désastres si grands qui venaient d'affliger notre cité pour ne sentir que le bonheur d'être délivré du double fléau de l'anarchie et de la guerre civile.

D'après les états officiels, transmis au ministère de la guerre, les troupes ont perdu, dans les dernières affaires de Lyon, savoir: officiers tués, 27; blessés, 43; total, 70; soldats tués, 88; blessés, 317; total, 405. Total général, 475 hommes.

Le nombre des blessés reçus à l'Hôtel-Dieu s'élevait le 24 avril, à 213 dont 123 entrés blessés et vivans et 90 apportés morts; 37 de ces derniers seulement ont été reconnus. Sur le total de 213, trente quatre seulement sont nés à Lyon, les autres appartiennent aux divers départemens et très-peu à l'étranger; quant aux professions, nous avons trouvé 29 ouvriers en soie, 11 cordonniers, 10 journaliers, 9 tailleurs et 7 chapeliers. Le reste appartient à des états très-variés ; nous n'avons pu tenir compte dans ce relevé des lieux de naissance, ni des professions des 53 morts qui n'ont pas encore été reconnus. Il faut de plus observer que sur ces 213 blessés, il en est plusieurs qui ne l'ont été que par erreur ou par accident.

INSURRECTION DE PARIS.

JOURNÉES DES 13 ET 14 AVRIL.

Les renseignemens que la police s'était procurés depuis plus de deux mois, lui avaient appris que le parti républicain se préparait à un coup de main, soit à Paris soit dans les villes de départemens. Depuis huit jours toutes les sections des sociétés populaires étaient assemblées en permanence et l'on n'ignorait pas que les clubs étaient partagés d'opinion, les uns voulant tenter une insurrection en même temps que celle de Lyon, les autres prétendant que le moment n'était pas encore opportun. Cependant les affaires de Lyon ayant donné hier matin et avant-hier des inquiétudes sérieuses, l'autorité avait mis sous les armes toutes les forces à sa disposition. Plusieurs régimens en garnison à quelques lieues de Paris étaient arrivés à marches forcées.

Jusqu'à quatre heures et demie la tranquillité n'avait pas encore été troublée, on ne remarquait dans les rues que des habitans paisibles qui revenaient de leurs promenades habituelles. C'est à ce moment que des ouvriers se réunirent au coin de la rue Neuve-Beaubourg, et sur la place du Châtelet, et commencèrent à parcourir le bas de la rue St.-Martin en criant : *Vive la république ! vive la ligne ! à bas Louis-Philippe !* A l'instant même toutes les boutiques furent fermées dans les rues St.-Martin et St.-Denis. Le premier coup de fusil a été tiré entre 5 et 6 heures dans la petite rue Montmorency. C'était le signal qu'attendaient les républicains pour se réunir, car ils sortirent aussitôt d'un grand nombre de maisons situées du côté de la rue Aubry-le-Boucher et St.-Méry, et ils allèrent s'emparer de toutes les petites rues voisines, telles que la rue Beaubourg, Brise-Miche, Transnonain, des Etuves, Maubuée, etc.

A six heures, des rassemblemens d'ouvriers se sont formés autour de l'école de frères située près St.-Méry. Les frères se sont réfugiés dans une maison où ils ont passé la nuit, après qu'on leur eut prêté des habits pour se déguiser, de peur qu'ils ne maltraités par les insurgés.

C'est à ce moment qu'on a commencé à battre le rappel dans tous les quartiers de Paris, même dans ceux qui étaient restés les plus tranquilles. Cependant dans le quartier St.-Martin, qui était le siége de l'insurrection, les gardes nationaux n'osaient point s'aventurer à sortir de chez eux avec leurs uniformes, de peur d'être attaqués tandis qu'ils étaient isolés. Il est arrivé en effet que deux gardes nationaux ont été tués, s'étant ainsi engagés dans les rues sans être accompagnés. L'un d'eux a été poignardé et l'autre a reçu un coup de feu.

A six heures et demie on a commencé à faire une barricade au coin de la rue Aubry-le-Boucher; mais un détachement de la garde municipale a dispersé le rassemblement qui se trouvait sur ce point, et alors les républicains se sont rendus dans les rues voisines où ils sont entrés dans les maisons pour forcer les habitans à leur livrer des tables, des chaises, etc., pour faire des barricades.

Jusqu'à sept heures il n'y avait eu aucun engagement sérieux, quelques barricades avaient été enlevées sans difficulté par la troupe de ligne, mais elles se reformaient à l'instant même un peu plus loin. A la brune, les factieux étaient parvenus à s'établir dans toutes les rues adjacentes à la rue St.-Martin. C'est alors que l'attaque des positions occupées par les insurgés devenait plus difficile, car les allumeurs de réverbères ayant commencé à s'acquitter de leur devoir, il y en eut 108 de brisés par les républicains, et lorsque les allumeurs arrivèrent du côté de la rue Saint-Martin, ils furent obligés d'abandonner la place, et une grande partie des réverbères ne put être allumée. Dans la partie de la rue St.-Martin qui était occupée par la troupe et la garde nationale, les habitans se sont empressés d'éclairer leurs maisons.

Vers huit heures la 4.e légion de la garde nationale s'est décidée à attaquer les républicains qui s'étaient barricadés dans la rue Beaubourg; l'entreprise n'était pas facile; les insurgés étaient, il est vrai, en petit nombre, on n'en comptait guère plus de 50 dans cet endroit; mais ils avaient choisi une position stratégique d'où il aurait été impossible de les déloger si on leur avait donné le temps de se fortifier davantage. L'attaque a été faite d'une manière vigoureuse, la baïonnette au bout du fusil; la barricade a été enlevée en quelques instans, mais on a eu à regretter quelques pertes dans les rangs de la garde nationale. M. Chapuys, colonel de la 4.e légion, a reçu deux balles, l'une au poignet et l'autre dans le bras, qui a été fracturé.

Plusieurs autres engagemens ont eu lieu jusqu'à

minuit, et l'on parle de plusieurs officiers tués ou blessés. Du côté des insurgés, on ne connaît pas encore le nombre des morts et des blessés; mais hier soir, à onze heures, on avait amené une dizaine de blessés à la maison des sœurs de la Charité de la rue Aumaire.

Pendant qu'on se battait dans le quartier Saint-Martin, les républicains avaient essayé de faire une diversion dans le quartier Latin; un engagement a eu lieu, rue Ste.-Hyacinte, entre une patrouille du 4.e régiment de lanciers et un rassemblement d'ouvriers, parmi lesquels se trouvaient quelques étudians. M. Baillot, fils du député de Seine-et-Marne, chef d'escadron de l'état-major de la garde nationale, qui commandait la patrouille, a reçu dans le bas-ventre une balle qui l'a renversé de son cheval.

A onze heures du soir, M. le comte Lobau a reçu, de M. Thiers, l'ordre de commander de service les gardes nationaux de la banlieue, pour se porter dans Paris. En effet, depuis deux heures du matin, de nombreux détachemens de la garde nationale de la banlieue sont arrivés à Paris. L'artillerie de St.-Denis était la première à Paris avec des chevaux de poste.

Nous avons aussi à signaler l'arrivée de plusieurs nouveaux régimens dans la capitale, entr'autres le 11.e léger venant de Courbevoye, et un régiment de lanciers.

Pendant toute la nuit, à partir de minuit et dans le quartier St.-Martin, on est resté assez tranquille, on n'a plus entendu tirer un seul coup de fusil jusqu'à 4 heures du matin. L'autorité avait cru devoir attendre le jour pour terminer la dispersion des républicains. En attendant, on avait cerné tout le quartier St.-Martin, et les troupes bivouaquaient sur toutes les places et sur les boulevards.

Le 54.ᵉ stationnait à la place des Victoires; le 35.ᵉ à la porte St.-Martin et à la porte St.-Denis. Les 5.ᵉ et 6.ᵉ léger occupaient tout le boulevard du Temple, sous les ordres du général Lascours. Le général Bugeaud se trouvait sur la place de l'Hôtel-de-Ville avec la 3.ᵉ légion et quelques bataillons de troupes de ligne. M. le général de Rumigny était à la Bastille. Le Carrousel était aussi encombré de troupes. Le 2.ᵉ léger bivouaquait sur le boulevard Montmartre. M. Thiers est resté pendant toute la nuit avec M. Bugeaud à la tête de la garde nationale; il a dirigé lui-même plusieurs mouvemens contre des barricades qui ont été enlevées.

A la pointe du jour, on devait s'attendre à une résistance désespérée des factieux; leurs menaces et les assassinats de la veille le faisaient présumer. Il paraît néanmoins que la nuit leur avait porté conseil. L'attitude de la population, l'ardeur de la garde nationale, de la troupe de ligne et de la garde municipale ne leur ayant laissé aucun espoir de succès, un grand nombre d'entr'eux ont cherché à s'échapper. En effet, les troupes qui cernaient le théâtre de l'insurrection arrêtèrent pendant la nuit un très-grand nombre de gens qui cachaient leurs armes et se retiraient du lieu du combat.

Toutes les dispositions avaient été prises. Les quatre légions de la banlieue, convoquées comme celles de Paris, sont arrivées vers une heure du matin. La 2.ᵉ s'est rendue au Carrousel, les trois autres à leur barrière respective. A cinq heures, le mouvement d'attaque a commencé.

Les généraux Rumigny, Bugeaud et Lascours, et le général Tourton (de la garde nationale), marchèrent ensemble sur le centre de l'insurrection, enlevant successivement toutes les barricades et balayant les rues Beaubourg, Transnonain, Maubuée. Ils croyaient trouver des adversaires; mais, ainsi que l'a si bien dit hier à la chambre M. Guizot, ils n'ont trouvé que des assassins, des hommes qui, retranchés dans des maisons à double sortie, tiraient sur les troupes à l'abri des croisées et ne défendaient pas même leurs barricades. Le caractère de cette lutte ne ressemble en rien à ce que nous avons vu jusqu'à présent à Paris; ce n'est plus de l'insurrection ordinaire; c'est de la chouannerie républicaine.

En moins de deux heures tout était fini. La résistance avoit cessé sur tous les points. On n'était plus occupé qu'à fouiller les maisons d'où, sans espoir de succès, les insurgés assassinaient encore çà et là quelques malheureux soldats.

A neuf heures du matin, les quatre généraux étaient en communication.

— Des drapeaux ont été enlevés sur les barricades par la garde municipale, dont on ne saurait trop louer la rare intrépidité. Ces drapeaux, ornés d'un crêpe, sont aux trois couleurs, mais disposées autrement que celles du drapeau national. Le blanc, le bleue et le rouge sont placés horizontalement; ils portent pour légende : *Société des Droits de l'Homme et du Citoyen*, 6.e arrondissement, 2.e quartier. » Le mot d'ordre des insurgés était : *Révolution républicaine*.

— Nous apprenons d'un garde national qui a assisté à l'arrestation de plusieurs factieux, que d'après les aveux positifs de ces derniers, il n'y a eu qu'une seule section de la société des *Droits de l'Homme*, désignée sous le nom de section du *Bonnet Phrygien*, qui ait donné hier et ce matin; elle a été entièrement anéantie, à l'exception d'un seul homme qui est parvenu à s'échapper. Ceux qu'on avait arrêtés étaient des républicains qui ne faisaient point partie de la section, mais qui s'étaient joints à elle isolément. Les autres sections ayant déclaré que le moment n'était pas venu d'agir, celle du *Bonnet Prhygien* aurait répondu : « Eh bien ! nous allons vous apprendre à mourir. »

— Il y avait sur la place de Grève deux pièces de canon ; dans la cour du préfet, deux pièces ; boulevard des Capucines, deux pièces ; à la porte St.-Martin et au Conservatoire, six pièces ; place du Carrousel, 10 pièces ; rue de Rivoli, 2 pièces ; barrière du Trône, 10 pièces ; au Luxembourg, 4 pièces.

Il y avait, non compris la garde municipale, cinq régimens de cavalerie, un régiment d'artillerie et huit régimens d'infanterie.

On évalue à 5,000 le nombre des gardes nationaux qui se sont rendus hier à l'appel aux douze mairies.

On évalue à 35,000 hommes, les forces actives qui avaient hier au soir à minuit l'arme au bras.

— Il y a une dizaine de blessés militaires dans les hôpitaux. Le capitaine Guibert, du 35.e, a été tué ; un autre capitaine, M. Pons de Gault, a été blessé à la cuisse. Trente-six cadavres étaient à la Morgue ce matin ; trente-quatre blessés sont entrés à l'Hôtel-Dieu, où on leur a donné des gardes de sûreté. Quelques blessés, trouvés dans des maisons particulières, ont été conduits dans les infirmeries des prisons. Il est question de 120 morts environ.

(*PROPRIÉTÉ.*)

Lyon. Imprimerie de J. M. BOURSY, rue de la Poulaillerie.

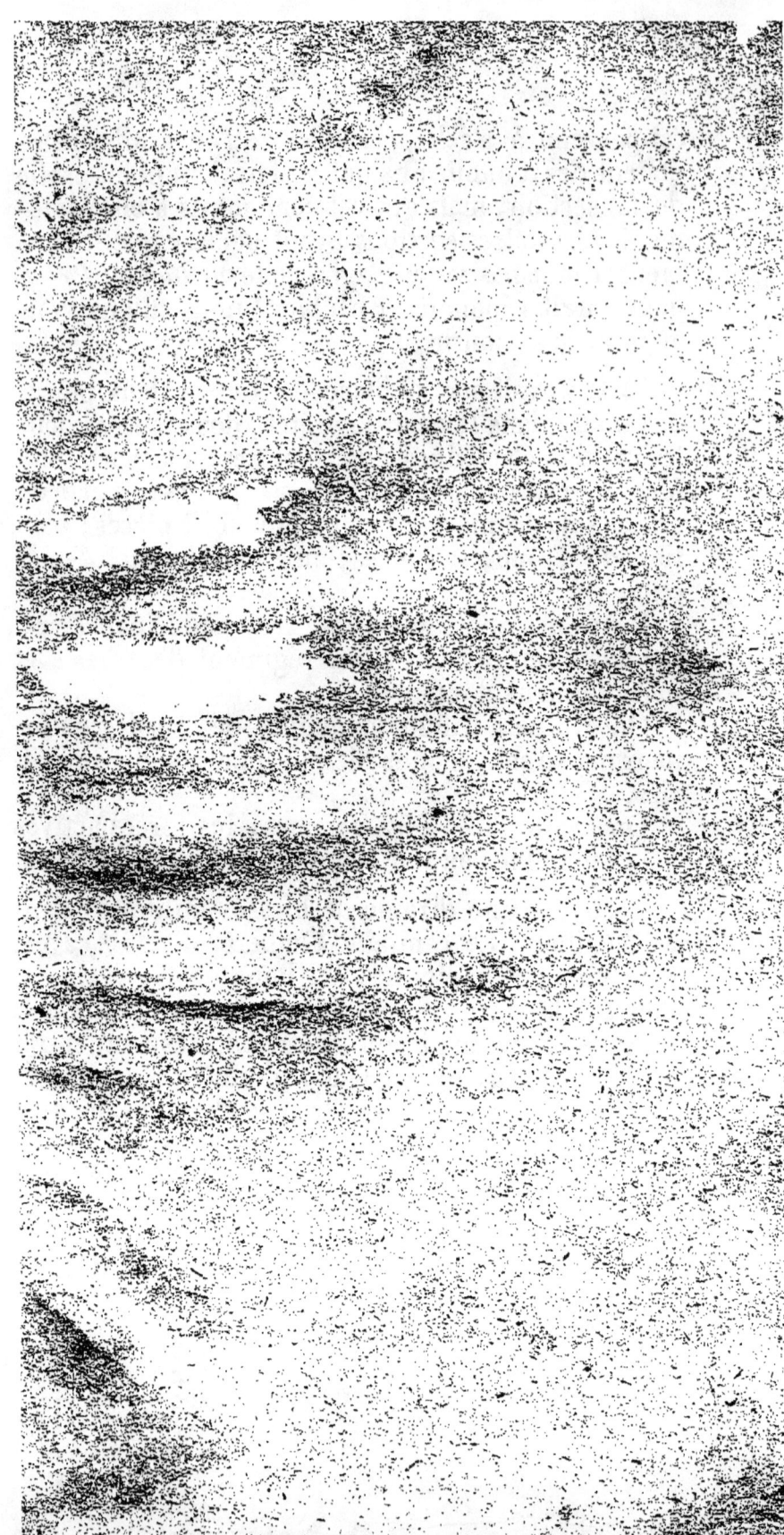

www.ingramcontent.com/pod-product-compliance
Lightning Source LLC
Chambersburg PA
CBHW070527050426
42451CB00013B/2886